AF452263

FERDINAND TYAN

FRANCE ET LIBAN

DÉFENSE

DES INTÉRÊTS FRANÇAIS EN SYRIE

Librairie académique PERRIN et Cⁱᵉ

FRANCE ET LIBAN

DÉFENSE
DES INTÉRÊTS FRANÇAIS EN SYRIE

FERDINAND TYAN

FRANCE ET LIBAN

DÉFENSE
DES INTÉRÊTS FRANÇAIS EN SYRIE

> *Que Dieu accroisse Japhet, qu'il habite dans les tentes de Sem, et que Chanaan soit leur esclave !*
>
> *Genèse, IX, 27.*

PARIS

LIBRAIRIE ACADÉMIQUE

PERRIN ET Cᵢₑ, LIBRAIRES-ÉDITEURS

35, QUAI DES GRANDS-AUGUSTINS, 35

1917

LA FRANCE ET LA QUESTION DU LIBAN

Dès la déclaration de guerre à la Turquie, un acte de haute sagesse s'imposait au Gouvernement de la République française : la sauvegarde des Maronites du Liban dont l'histoire fait partie de l'histoire de France.

En effet, on sait que le Liban constitue en Syrie une enclave catholique autonome, protégée de temps immémorial par la France et dotée, depuis plus d'un demi-siècle, de garanties internationales.

Mais on ne sait pas assez que, non contents d'avoir envahi cette montagne, les Turcs l'ont bloquée et en exterminent systématiquement la population par la faim. Ne pouvant attaquer la France en face, on la frappe par derrière dans ses enfants éloignés; on fait porter à ces malheureux la peine de leur parenté et de leurs affections ; on leur fait payer de leur vie ce titre de Français de l'Orient *dont ils sont si fiers, et qui, loin de les protéger, les a designés à la torture des bourreaux.*

Les cadavres s'amoncellent dans les villages, les hommes tombent d'inanition sur les routes, les enfants meurent sur le sein tari des mères. L'existence d'un peuple entier est aujourd'hui menacée.

Une telle situation crée une immense responsabilité, de graves devoirs pour la France. Elle ne peut y renoncer sans renoncer à elle-même.

En affamant les fils de la Montagne qu'elle voue à la servitude et à la mort, la Turquie a foulé aux pieds les droits les plus sacrés de l'humanité, violé délibérément sa signature et celle de ses alliés, et rouvert cette vieille Question du Liban dont le règlement s'impose au cœur de la France et à la conscience des Nations.

L'ÉDITEUR.

8 janvier 1917.

LA NATIONALITÉ MARONITE

FRANCE ET LIBAN

DÉFENSE
DES INTÉRÊTS FRANÇAIS EN SYRIE

LA NATIONALITÉ MARONITE

> « C'est le souvenir du passé qui constitue la nationalité d'un peuple. »
>
> De Barante.

Parmi les multiples questions de la grosse question d'Orient, celle qui touche le plus près la France et rencontre chez elle le plus de sympathie, est sans contredit la question des communautés chrétiennes de Syrie, et, parmi ces communautés, la Nationalité Maronite.

Les Maronites se rattachent par leurs traditions à tout ce qu'il y a de grand dans l'Ancien et le Nouveau Testament. Aussi, à part les chancelleries et de rares lettrés, on est enclin aujourd'hui à les considérer exclusivement comme un rite religieux, et ce quand on ne les confond pas avec la confédération administrative du Liban à laquelle on a vainement essayé de les subordonner et de les inféoder.

La cause de cette grave erreur provient de l'ignorance que l'on a de l'influence exercée par la religion en Orient, berceau d'où prirent l'essor toutes les religions et où, la nationalité étant fille de la religion, il ne peut y avoir de question religieuse qui ne soit essentiellement une question politique. C'est dire que, dans cette source commune de la science et des races, la religion est un vrai *sociomorphisme*, ou, autrement dit, une sociologie. *Elle est moins une forme de culte qu'un idéal social à réaliser dans une société*

d'hommes. C'est le sens propre du mot
« église », de εκκλησία, « assemblée».

Au surplus, si l'on connaît si peu la nationalité maronite, il n'est aucune plume diligente qui ait tenté de la fixer pour la faire connaître. Car si l'on a écrit — et bien incomplètement d'ailleurs — des pages sur la nation maronite, personne n'a songé jusqu'ici à écrire l'intéressant chapitre de la nationalité maronite, cette harmonieuse structure de la vie organique de la nation.

Et pourtant, s'il est une fortune qu'on doive prudemment gérer et jalousement conserver pour l'avenir, n'est-ce pas la nationalité ?... « Tout doit être conscient pour être bien, » a dit Socrate.

Les Maronites ont une antique nationalité qui remonte aux premiers temps du christianisme. Constitués avant la France et l'Espagne, ils furent la première barrière contre laquelle se brisa le flot de l'Islam.

Il est donc intéressant à plusieurs titres de

rechercher la physionomie et les caractéristiques de ce vaillant petit peuple qui sème encore le grain, fait pousser les mûriers, voit se dorer la vigne et fleurir les orangers, sur le sol qui fut le berceau sanglant de la noblesse des premières maisons de France.

Hâtons-nous de dire qu'il doit sa vitalité à sa « Constitution essentielle » restée presque intacte jusqu'à nos jours, car un peuple ne conserve sa force qu'en tant qu'il reste fidèle aux principes qui la lui ont fait acquérir.

Origines des Maronites.— Leur Constitution nationale.

En Orient, où la nationalité se confond avec la religion, il fallait aux populations chrétiennes un terme spécial pour désigner le chef à la fois religieux et civil. Ce terme n'est autre que *Patriarche,* vocable sacré tiré de l'Ancien Testament. *Imperium sine patriarcha non staret.* En effet, *patriarcha* vient de πατριάρχης (πατριά, race, nation — et αρχειν, commander à, régner sur). C'est donc étymologiquement *celui qui commande à la race* — soit, dans toute la plénitude du terme, *le roi de la nation.*

Il ne pouvait en être autrement dans un

pays où les populations n'ont aucune personnalité ou existence nationale qu'en se groupant autour de leurs pasteurs, où la nationalité ne consiste ni dans la patrie ni dans la langue commune, mais uniquement dans l'idée religieuse qui, concrétisée dans la hiérarchie sacerdotale, tient lieu de patriciat et d'organisation sociale. D'ailleurs, dès la plus haute antiquité, le nom de *roi* est un titre sacré ; l'autorité est un appendice du sacerdoce ; le sceptre n'est qu'une forme de la houlette pastorale ; et la couronne, qui est devenue l'emblème de la puissance, n'était d'abord qu'un symbole religieux, un signe extérieur qui accompagnait la prière et le sacrifice [1].

Ces vérités trouvent leur plus complète démonstration chez les Maronites, cette « nation modèle de l'Orient », peuple foncièrement guerrier parce que foncièrement religieux, et dont la nationalité est tellement

1. Voyez *la Cité antique* de Fustel de Coulanges.

amalgamée avec la religion que leur organisation sociale est « la plus pure théocratie
qui ait résisté au temps » [1].

En effet, qui se dit *Maronite* doit l'être de
nationalité et de religion — car on ne peut
être de nationalité maronite sans être du
rite du même nom, et réciproquement.

De la race sémitique, issus des patriarches — Hébreux et Phéniciens — dont ils
occupent la terre, les Maronites sont tous
d'extraction noble et à ce titre portent le
turban vert. Ils vécurent d'abord épars et
solitaires, puis en clans sous la direction de
pieux anachorètes (*mârs*, saints), jusqu'à ce
que saint Maron [2] vint les grouper autour de
sa crosse abbatiale, à l'ombre de son premier Monastère, sur les rives de l'Oronte,
au sud de Ribla — un des centres chrétiens
les plus importants de la Syrie — et leur
donner des institutions communes (fin du

1. Lamartine : *Voyage en Orient.*
2. Du syriaque *marôn*, « notre seigneur ».

ɪvᵉ siècle). De là le titre de *Mâr* réservé à
leur Patriarche dont la dignité atteint
toute plénitude en l'auguste personne de ce
chef suprême des frères aînés de tous les
chrétiens.

En effet, tandis que la Porte ne reconnaît
que successivement — et de 1848 à 1895 —
les différents Patriarches des catholiques
orientaux comme libres pasteurs de leurs
rites dont l'élection et l'autorité restent en
partie soumises à l'influence du sultan, seul
le Patriarche des Maronites a toujours eu
dans ses inaccessibles montagnes une sou-
veraineté conquise par les armes, et ce parce
que chef à la fois religieux, civil et militaire
de son indomptable *nation*.

Cela devait fatalement résulter de la logique des choses, car il ne faut pas oublier
que cet antique Patriarche est un dictateur
militaire, élu pour conduire les Libanais à
la bataille contre les *Monothélites*. En effet,
il n'exista aucune distinction politique entre

le Liban et le reste de la Syrie jusque vers
le milieu du viie siècle — et ce bien que la
nation des Maronites, pour avoir une origine commune avec le christianisme, eût
donné d'éclatantes preuves de sa vitalité
dès le ve siècle. Car nous apprenons, par
l'histoire, que l'Abbé Maron et ses sujets-
fidèles prirent les armes contre les partisans
d'Eutychès et de Nestorius et défendirent,
jusqu'à l'effusion de leur sang, les décrets
des Conciles d'Éphèse et de Chalcédoine,
l'empereur Sévère ayant massacré trois cent
cinquante de ces orthodoxes héroïques dont
l'Église romaine fait mémoire dans son mar-
tyrologe, à la date du 31 juillet.

Les premiers ermitages sont donc agglo-
mérés en grands couvents dont l'Abbé
exerce sur les populations environnantes la
cure pastorale. Le célèbre monastère de
saint Maron de l'Épomène fut brûlé par
ordre d'Anastase et ensuite restauré par les
soins de Justinien le Grand. Les annales du

vi° siècle relatent l'existence des religieux qui l'habitaient, dont certains furent parfois délégués à Constantinople pour représenter les couvents de Syrie dans les assemblées ecclésiastiques.

C'est pourquoi, lorsque l'hérésie du monothélisme se fut répandue à Constantinople et que les empereurs, qui en prirent la défense, voulurent l'imposer par décret à tous leurs ressortissants, des rebelles, venus pour la plupart des bords fervents de l'Oronte, se réfugièrent dans le Kesrouân, la « tour du Liban », où, après avoir repoussé *manu militari* les Syriens royalistes ou *Melkhites*, partisans du décret impérial, ils se formèrent en un groupe indépendant, politiquement autonome. Ils prirent pour bannière une croix, le premier signe commun de leur ralliement, et élurent pour chef un moine, le successeur de leur premier Abbé au couvent de l'Épomène, le pieux et docte Jean *Maron* ou Jean le Maronite (*Hanna Maroún*) qui, sacré évêque de Batroûn et de Djebaïl et porté sur l'illustre Siège d'Antioche, y commença la série des Patriarches, pontifes-rois de la nation [1].

Père et organisateur de génie, Jean le Maronite sut discipliner excellemment son peuple par le travail manuel et l'exercice des armes. Il constitua une société d'autant plus définitive et durable qu'elle était fondée sur l'Idée, idée de foi commune, *la foi qui soulève les montagnes,* et est génératrice du véritable héroïsme, joint à cet évangélique amour de la fraternité dans l'indépendance qui donne la force invincible.

Ce fut donc pour défendre l'idée religieuse que la nation s'imposa, et elle le notifia par le choix significatif de son chef et de sa bannière [2]. Et ce fut le premier représentant

---

1. Voyez Fauste Nairon, Théophane, Assemani, etc. Antioche peut rappeler que le nom de *chrétien* naquit dans ses murs et l'on sait que saint Pierre fut évêque d'Antioche avant d'être évêque de Rome.
2. Croix blanche sur champ de gueules.

de cette idée, le vaillant Abbé Maron, qui fut l'ancêtre de la nationalité maronite et scella sa personnalité sur elle en lui déléguant son nom.

Depuis lors, les Maronites ont gardé comme langue nationale le syriaque, que les patriarches de la Bible et le Christ lui-même ont parlé,et leur Fête nationale est le 14 Septembre, fête de l'Exaltation de la Croix. A la veille de cette auguste solennité, à l'heure où les premières étoiles sortent de la nuit, de grands feux de joie embrasent tout le Liban et, au milieu des acclamations et des fusillades, grands et petits sautent à travers le feu, tels les Anciens qui croyaient se purifier de toute tache physique ou morale en sautant à travers la flamme sacrée

Comme on le voit, les premiers néophytes du Christ — les « Galiléens » et « Nazaréens » — vivent d'abord épars, puis en clans, lorsque, dans la résistance commune et l'effusion du sang, l'Abbé saint Maron révèle la *nation* (v⁰ siècle), puis le glaive du Patriarche saint Jean le Maronite institue la *nationalité*, cette forme politique de la nation (vii⁰ siècle). Et aussi haut qu'on remonte dans les origines, on trouve que nation et nationalité ont pour générateur commun le catholicisme — soit l'idée religieuse, ce souffle inspirateur et organisateur, cette « âme, raison et vie ».

II

Vie des Maronites dans le Liban.
Description du Mont-Liban.

Pour avoir dégagé l'essence ou « substan-
tifique moelle » qui est l'idée religieuse, il
devient aisé de constater que cette même
idée dirige, pénètre, anime et pétrit les
Maronites tant individuellement que collec-
tivement. C'est l'*idée directrice* de Claude
Bernard appliquée au corps social.

En effet, on voit cette idée constituer et
dominer toute l'histoire de ces intrépides
montagnards qui, une fois qu'ils furent em-
portés par elle, furent invincibles et se
signalèrent comme un peuple de héros.
Ayant le secret de la force redoutable, *armés*

de foi au dedans et de fer au dehors [1], ils fixèrent l'attention de tout le Levant et devinrent la terreur de presque toutes les montagnes, d'Antioche à Jérusalem. Loin de se laisser entraîner par des appétits de conquête, toutes les guerres qu'ils entreprennent sont défensives parce qu'essentiellement saintes et chrétiennes. Ainsi l'intérêt de leur liberté civile et religieuse leur fit prêter main-forte à Héraclius contre les Perses mécréants. Résistant aux ordres hérétiques et aux attaques des empereurs d'Orient, leurs anciens protecteurs, ils triomphèrent par les armes de Constantin Pogonat et mirent en complète déroute l'armée que Justinien II avait envoyée contre eux dans le but de s'emparer de leur Patriarche et de les disperser. Et quand les Arabes du Koran eurent submergé la Syrie, les Maronites surent préserver leurs saintes montagnes — arche sublime au milieu des flots—

1. Le sire de Joinville parlant des Maronites.

en commençant avec les Mahométans cette
guerre homérique qui ne devait plus cesser.
Ne connaissant ni paix ni trêve, tel l'aigle
qui du haut des cèdres fond sur sa proie, ils
harcelèrent si bien les Califes que leurs
audacieuses escarmouches et leurs incur-
sions incessantes eurent la gloire de retarder
la chute de Byzance en contraignant ses
assiégeants affaiblis à acheter la paix aux
empereurs (676-678) [1].

Depuis ces fastes mémorables, les Patriarches du Liban conservèrent par le glaive
une véritable indépendance contre tous ceux
qui tentèrent d'attaquer leur autonomie religieuse et politique.

Pendant les Croisades, les Maronites, qui
étaient alors les seuls catholiques orientaux,
sacrifièrent près de cent mille hommes dans
les armées chrétiennes. Et c'est à leur organisation théocratique et à leur foi jalouse et
belliqueuse que ces fils de Jacob doivent

1. Voir les anciennes chroniques.

d'avoir conservé jusqu'aujourd'hui la liberté au milieu d'un pays soumis par les Turcs.

Dans l'Orient, qui compte actuellement plus d'un million de catholiques indigènes divisés en six rites, les Maronites à eux seuls sont au nombre de près de cinq cent mille répartis en neuf circonscriptions ou diocèses comme suit :

Djebaïl et Batroûn, comprenant l'Égypte et l'étranger, sous la juridiction immédiate du Patriarche	220.000
Beyrouth, comprenant la ville et une partie de la Montagne	64.000
Baâlbek, avec les contreforts du Kesrouân	43.000
Tripoli	41.000
Chypre, comprenant l'île et une partie du Liban	35.000
Sidon	33.000
Tyr	26.000
Damas	20.000
Alep, avec Alexandrette, Mersine et Tarse	18.000
Total	500.000

A la tête de chaque circonscription se trouve un Archevêque — *defensor civitatis* — c'est-à-dire chef à la fois civil et religieux. Tous ces Archevêques ont des résidences au Liban, même lorsque leur diocèse n'y est pas compris. Chaque grand village a son Évêque.

Ainsi disséminés dans la Montagne — entre la Cilicie et Jérusalem, Chypre et Damas — les foyers des Maronites se massent dans les vallées les plus centrales et les chaînes les plus élevées du groupe principal du Mont-Liban (depuis les environs de Nahr-el-Kelb, l'ancien Lycus, jusqu'à Tripoli de Syrie) et surtout sur les plateaux du Djebel-Kesrouân, cette forteresse du christianisme, berceau et refuge de la nation.

Le Liban, couronné de son diadème de cèdres, est certes la montagne la plus célèbre et l'une des plus riches et des plus magnifiques qui s'élèvent à la surface du globe. Il est la porte sublime du véritable Orient

et le joyau de l'univers. A mesure que l'on
en approche, porté par cette mer classique
qui borde les côtes de la Syrie, le joyau
grandit, étincelle de mille feux, enchâssé
dans le saphir du ciel et des eaux. Enfin, le
voici tout à clair, chacun s'empresse pour
l'admirer : rêve réalisé, il apparaît gran-
diose et radieux dans une vision de beauté et
d'enchantement.

Alors que les yeux ravis sont caressés par
toutes les teintes de l'azur qui, de la mer au
ciel, se fondent nuancées par les diversités
de la distance, la poitrine aspire un air sain
et balsamique, l'âme se sent attendrie et
pénétrée de respect devant cette terre
d'antique renommée, que Dieu légua à son
peuple de prédilection, lorsqu'il partagea le
monde entre les nations, — cette terre que
le chef des enfants d'Israël vit de loin, mais
dans laquelle il n'entra jamais, —cette terre,
immortalisée comme le paradis de nos
premiers aïeux, — le Chanaan des patriar-

ches, — le berceau et la tombe des pro-
phètes, — le théâtre des plus grands mira-
cles de Jéhovah, — le royaume de la beauté,
des anciens souvenirs et des saintes doctri-
nes, — l'endroit chéri d'où nous vient l'au-
rore,—le bienheureux sol où le divin Maître
posa le pied en apportant la paix au monde.

Il semble que dans toute l'Écriture il ne
soit parlé d'aucun autre lieu avec tant d'é-
loges. Moïse soupire après « l'illustre montagne du Liban ». Et la Bible, ne trouvant rien
de plus propre pour faire concevoir la beauté
que de la comparer au Liban, exalte sans
cesse ses parfums, ses fleurs, ses cèdres, ses
oiseaux, ses pâturages, ses vins délicieux, ses
admirables points de vue.

Cette excellente terre, « pleine de ruisseaux, d'étangs et de fontaines, abondante
en huile et en miel, où les pierres sont du
fer et les montagnes de l'airain [1] », est échue
aux Maronites qui, seuls, en occupent la

1. *Deutéronome*, VIII.

partie la plus pittoresque, s'étendant sur une surface d'environ cent cinquante lieues carrées. Là, sous un ciel sans nuage et un soleil d'or, tout témoigne de l'effrayante entaille du glaive de Dieu. Des pics percent les airs à une hauteur prodigieuse, des cônes, plus hardis encore, montent au-delà de l'atmosphère terrestre et demeurent éternellement embrasés de neige. Aussi le sol y est creusé de profonds abîmes où d'antiques fleuves célèbres roulent leurs ondes illustres et fortunées, surplombés par des blocs de rocher dont les uns sont aigus comme de titaniques lames de pierre, dont les autres sont massifs et ronds comme de gigantesques boulets.

L'infatigable activité d'un peuple, qui n'avait d'asile sûr pour sa religion que derrière ces pics et ces précipices, a rendu le rocher même fertile. Elle a construit en amphithéâtre des murs de soutènement formés avec des quartiers de roche roulante, elle y a transporté de la terre végétale du fond des ravines, et, sur ces terrasses d'une forme à la fois rustique et architecturale, elle récolte et produit à profusion la soie, le tabac, le miel sauvage, l'huile, le vin et les céréales.

*O fortunatos nimium sua si bona norint
Agricolas...*

L'Évangile, qui est le code des sociétés, compare perpétuellement le royaume à la famille agricole. Peuple de patriarches, les Maronites du Liban vivent en commun et au dehors, au milieu des instruments aratoires, des jardins, des chevaux, des fauconneries et de tout l'attirail de la parade primitive. Leur vie a cette harmonie et cette unité que les philosophes anciens appelaient le bonheur, et par bonheur ils entendaient la juste intervention de la beauté dans la durée complète d'une existence.

Là, avec une vraisemblance extraordinaire, les deux mondes, le divin et l'humain,

pénètrent l'un dans l'autre et ne font qu'un.
Au-dessus de ces cimes escarpées où plane
l'Esprit,

L'aigle affronte les feux de la voûte éternelle.

Et, sous le manteau resplendissant de ce
soleil qui *n'est que l'ombre de Dieu*, selon la
belle expression de Michel-Ange, les gais
villages s'échelonnent sur les coteaux, semblant prêts à glisser sur les pentes rapides.
Les eaux, précipitées de toutes parts, tombent en nappes épaisses et bruyantes, jetant
dans la richesse des vignes aux grappes
énormes une poussière liquide qui, se
renouvelant sans cesse et produisant un nuage d'une pluie fine et prismatique, rend toujours le Liban, suivant l'image du grand
peintre Tacite, *inaccessible aux ardeurs du
soleil et fidèle à ses neiges*. De-ci, de-là, sur
la crête des collines, s'élèvent des couvents
antiques dont les moines, disciples de Maron, professent la liturgie syriaque.

On ne voit pas une seule mosquée dans le Liban proprement dit. Bien plus, des limites strictes sont gardées par des gendarmes chrétiens. De ce côté est la terre du Prophète, de cet autre la terre du Christ — nulle confusion, nulle ambiguïté. Par contre, la terre s'entr'ouvre et fait germer partout d'anciennes et touchantes églises où le pâtre joyeux entre en ramenant ses troupeaux et à l'ombre desquelles l'enfance du village, sous la conduite du curé, s'instruit et joue en plein air, autour du tronc d'un grand chêne.

III

Les Cèdres du Liban. — Le Patriarche des Maronites et la Confédération Libanaise. Lettres des Rois de France.

Pour atteindre les sommets qu'ombragent les Cèdres du Liban — ces cèdres que l'Éternel lui-même a plantés, *quos plantavit Altissimus* — on doit traverser une vaste plaine, peuplée de villages maronites et couverte de plantations de mûriers, d'oliviers, de pins et de figuiers.

« Ces monuments naturels, les plus célèbres de l'univers », occupent une région élevée et froide (à près de 2.000 mètres d'altitude) et constituent les restes de la forêt dont, il y a trois mille ans, le bois servit à la construction du Temple de Jérusalem et du palais de Salomon. Aussi, chaque année, le jour de la Transfiguration, que la tradition rattache à ce lieu, le Patriarche des Maronites vient, au milieu d'un grand concours de peuple, célébrer une messe sur un grossier autel de pierre, au pied d'un de ces arbres vénérables.

Dans cette théocratie des premiers siècles, ce Patriarche, âme et lien de la nation, est souverainement élu et investi par ses nationaux sous l'approbation doctrinale du Pape. A la fois pierre d'angle et clef de voûte de tout l'édifice social, son autorité est souveraine. Libre électeur des membres de son épiscopat — ces *defensores civitatis* présentés à son agrément par le peuple — il les investit directement, chef suprême tant de son Église que de la Cité. Personnifiant la nation qui est une association religieuse et politique, en lui la religion et l'État ne font qu'un, et ces deux puissances associées et confondues forment une puissance presque surhumaine à laquelle l'âme et le corps sont également asservis. Axe autour duquel tout gravite, il incarne en lui l'unité de la patrie et fait qu'à tout instant de la durée celle-ci n'est visible qu'en lui seul. Sacerdoce, justice et commandement sont en ses mains ; il lie et délie, condamne et absout, tant au spirituel qu'au temporel, et reçoit les serments d'obédience à l'Église et à lui. Ayant pour royaume un territoire dont toutes les pierres sont vivantes, son autorité est sainte et inviolable, haute paternité propitiatrice envers qui l'obéissance est docilité filiale « par motif de conscience et non pas seulement par crainte ». Successeur de saint Pierre à Antioche, il joint à son nom celui du prince des Apôtres et jouit du rang de second évêque de la catholicité [1]. Ayant pour couleur la pour-

1. Une des premières personnes à qui le Pape notifie son élection est le Patriarche du Liban. Et le Pape Adrien VI, écrivant au Patriarche Siméon IV, en l'an 1522, libelle : REVERENDO FRATRI PETRO PATRIARCHÆ SEDENTI SUPER ANTIOCHENAM SEDEM.

pre, emblème du sang du Christ et de la dignité suprême, il est entouré d'une pléiade d'évêques *in partibus* qui lui servent de cour, et accrédite à Rome une ambassade près le Saint-Siège, en retour de la légation accréditée par les Papes près le Siège patriarcal. Triple chef religieux, civil et militaire, il a pour résidence Kannôbin qui, pour être taillée dans le roc, est à la fois un monastère, un palais et un château fort. Pontife et roi dans le Liban sacré et traditionnel, il porte le titre de Patriarche d'Antioche et de tout l'Orient et est presque toujours issu des familles les plus illustres, les plus considérables et les plus anciennes du pays. Et si, comme le dit Joseph de Maistre, la majesté souveraine se compose des respects de chaque sujet, il n'est aucun souverain qui soit plus vénéré au sein de son peuple que le Patriarche des Maronites sous les Cèdres de la Montagne. Il est le mystère de ce nœud invisible et puissant, chanté par le philosophe célèbre, et qui, dans la société, soumet toutes les volontés à une volonté, tous les amours à un amour, toutes les forces à une force. Son nom est un symbole auguste ; il synthétise la patrie, ses rêves et ses grandeurs[1].

Kannôbin — de κοινόβιον, « couvent » par excellence — fut fondé, affirme-t-on, par Théodose le Grand. Quand l'empereur voulut faire passer au fil de l'épée une partie des habitants d'Antioche qui avaient renversé les statues de sa femme, les solitaires du Liban, dit Jean Chrysostôme, descendirent de la montagne comme les anges du ciel et adoucirent la colère de Théodose. Pour les remercier de ce qu'ils lui avaient épargné ce crime, l'empereur fit creuser pour ces solitaires le grand monastère de Kannôbin [2]. Outre un célèbre sanctuaire dédié à la Dame

1. Le chevalier d'Arvieux, qui visita Kannôbin en 1660, écrit en parlant du Patriarche : « Il était aimé et vénéré comme un demi-dieu. » (*Mémoires du chevalier d'Arvieux*, consul de France à Alep.)
2. Helyot, *Histoire des Ordres religieux.*

nationale, « el-Saïdé »,c'est un lieu vénéré à plus d'un titre, plein de rumeurs et de légendes, et où sainte Marine prit l'habit monastique. Il fut le foyer politique et religieux de la collectivité et le refuge du Libérateur Jean le Maronite. Camp retranché de la nationalité, Kannôbin, aire d'aigle imprenable, est l'image et l'emblème de la nation. Sainte redoute incrustée au flanc du Kesrouân, elle se dresse au pied des Cèdres, dans un site très pittoresque, au-dessus de Nahr-el-Khâdis et de la sainte Vallée de la Khadischâa. On y voit les tombeaux des Patriarches qui y sont enterrés et la glorieuse dépouille de Joseph VI Tyan. On s'y représente le premier pasteur de ce peuple suivant d'un œil vigilant les travaux de ses ouailles bien-aimées qu'il envoyait travailler à sa vigne, comme il pouvait entendre,

Entre la nuit qui tombe et le jour qui s'enfuit,

le choral de leurs actions de grâces. Car sur

les bords de la seule vallée du Fleuve saint,
au milieu de riches vignobles dépendant
du Monastère, on compte plus de huit
cents grottes ou ermitages, ordinairement
surmontés d'une croix grossièrement gra-
vée dans le roc et ornés souvent d'un petit
autel rustique offrant sur ses parois des
caractères syriaques reproduits jusque sur
la pierre.

Dès lors, si après la conquête de la Syrie
par les Osmanlis, le seul intérêt de la défense d'une liberté commune fit allier les
Maronites aux Druses et aux Métoualis sous
le régime confédératif d'un Émir, les membres de trois nations si différentes d'origine,
de religion et de mœurs, ne se confondirent
jamais ensemble. Cela signifie que, durant
une confédération militaire formée de trois
faisceaux distincts, les Maronites — qui
composent les trois quarts de la population
libanaise et, seuls autochtones, sont les
plus anciens — n'ont rien abdiqué de leur

constitution particulière qui est une *théocra-tie pure*, considérant toujours le Patriarche comme l'âme et la « tête de la Nation », parce que seul chef à la fois de la nationa-lité et de la religion.

Bien plus, la politique générale de cette confédération dut s'inspirer de la majorité, et cela au point que les émirs druses se convertissaient, tel le premier Émir de la Montagne, le célèbre fils de Màan, qui créa l'unité politique du Liban en prenant lui-même le nom de *Fakhr-el-Dîn*, c'est-à-dire *flambeau* ou *lumière de la foi*. Et pour dissiper tout doute sur la nature de cette foi, il suffit de rappeler que Fakhr-el-Dîn fut confié enfant par sa mère, dans le district chrétien du Kesrouân, à un moine maronite qui l'endoctrina et façonna sa conscience, qu'il gouverna avec l'aide des grands cheiks maronites comme conseillers, qu'il noua des intelligences contre les Turcs avec les Puissances chrétiennes et le Pape Paul V qu'il alla lui-même voir à Rome. Et M. de la Croix, alors secrétaire d'Ambassade à Constantinople, affirme que, au moment où le *Druse* Fakhr-el-Dîn allait être étranglé par ordre de Mourâd IV, « on lui trouva une croix d'or au col, et on dit qu'il se tourna du côté de l'Orient, et qu'il fit le signe de la croix, au lieu de la profession de foi mahométane, ce qui obligea l'empereur de détourner la tête et de dire *qu'on se dépêche d'étrangler ce pourceau* » [1].

Il en fut de même des Chéhab qui n'arrivèrent au grand émirat qu'après leur conversion au christianisme, témoin le dernier Émir du Liban, Béchir Chéhab, qui se déclara ouvertement maronite, lui et toute sa famille, et fit édifier des couvents et une chapelle à saint Maron dans sa propre résidence de *Beith-el-Dîn,* nommée *asile de la foi.* C'est dire si la question de religion est primordiale dans ces montagnes où tout est

1. *La Turquie Chrétienne.*

foi et prière, où les rochers sont des ermitages blasonnés de croix, où les localités se
meuvent au son des cloches et portent des
noms de saints et de monastères (*Mârs* et
Deirs), où l'État dépend de la religion, et où
État et religion sont si complètement con-
fondus ensemble qu'il est impossible, non
seulement d'avoir l'idée d'un conflit entre
eux, mais même de les distinguer l'un de
l'autre.

En effet, le Patriarche resta aux yeux du
monde extérieur le chef suprême de la
nation. Témoins les députations, les ambas-
sades, les archives diplomatiques — et
parmi ces dernières, les bulles des Papes et
les parchemins si caractéristiques des Rois
Très Chrétiens à la suscription libellée
comme suit :

LETTRES DE PROTECTION
ACCORDÉES
AU RÉVÉRENDISSIME PATRIARCHE D'ANTIOCHE
ET A LA NATION DES MARONITES
PAR LE ROI DE FRANCE LOUIS XIV

(du 28 avril 1649)

et

LETTRES DE PROTECTION
ACCORDEES
AU RÉVÉRENDISSIME PATRIARCHE D'ANTIOCHE
ET A LA NATION DES MARONITES
PAR L'EMPEREUR ET ROI TRÈS CHRÉTIEN LOUIS XV

(du 12 avril 1737).

Nous voulons — écrivait, de Saint-Germain-en-Laye, le Roi-Soleil à son ambassadeur de Constantinople — *que le Révérendissime Patriarche, tous les prélats, ecclésiastiques et séculiers chrétiens maronites, qui habitent dans le Mont-Liban, sentent l'effet, en toute occurrence, de notre protection et sauvegarde spéciale; en sorte qu'il ne leur soit fait aucun mauvais traitement, mais, au contraire, qu'ils puissent librement continuer leurs exercices et fonctions spirituelles. Enjoignons aux consuls et vice-consuls de la nation française, établis dans les ports et échelles du Levant, ou autres arborant la bannière de France, présents et à venir, de favoriser de tout leur pouvoir le dit Sieur Patriarche et tous les dits chrétiens maronites du Mont-Liban, et de faire embar-*

quer, sur les vaisseaux français ou autres, les jeu-nes hommes et tous autres chrétiens maronites qui y voudront passer en chrétienté, soit pour y étudier ou pour quelque autre affaire, sans prendre ni exi-ger d'eux que les nolis qu'ils leur pourront donner, les traitant avec toute la douceur et charité possible.

Et Louis XV écrit, de son château de Versailles, que :

Par la grâce de Dieu, empereur et roi très chrétien de France et de Navarre, à l'exemple du feu roi son très honoré seigneur et bisaïeul, il prend les Maronites sous sa protection et sauvegarde.

Et il mande à ses ambassadeurs, consuls et vice-consuls, présents et à venir :

De favoriser de leurs soins, offices et protection, le Patriarche d'Antioche et tous les chrétiens maro-nites du Mont-Liban, partout où besoin sera, en sorte qu'il ne leur soit fait aucun mauvais traitement, car tel est son bon plaisir[1].

1. Le titre de *Roi Très Chrétien*, accordé exclusivement par les Papes au roi de France, se trouve attribué à saint Louis dans une charte de 1256 ; et, dès l'époque mérovingienne, le pape Grégoire le Grand l'avait déjà donné dans une lettre à la reine Brunehaut. C'est pourquoi l'on voit, dans toutes les églises catholiques d'Orient, l'officiant prier publiquement, le Vendredi-Saint, *pro rege Nostro (vel imperatore) christianissimo*, ou bien *pro christianissima Francorum natione*.

La protection française sur les Maronites, solennellement affermie durant les Croisades, remonte à Charlemagne, empereur d'Occident, à qui le calife Haroûn-al-Raschid, dans l'impossibilité de réduire ces champions de la Croix, envoie une ambassade d'honneur et les Clefs du Saint-Sépulcre (810).

Ainsi le Patriarche du Liban accrédite à Paris un procureur — *negotiorum gestor* — et le Consulat général de France en Syrie n'a une exceptionnelle importance et une prééminence marquée qu'à cause de sa mission diplomatique auprès de la Montagne.

A l'intérieur, l'autorité immémoriale et absolue du Patriarche avant la confédération resta *suprême* chez les Maronites après celle-ci. Tel le *pater* antique, prêtre du culte domestique et maître jaloux du foyer, le Patriarche, vivant palladium de la nation, veille sur la Cité qu'il incarne, maintient les Lois et l'Honneur, les traditions et les

rites. En effet, toute-puissante près de
l'émir au point de vue politique, l'autorité
patriarcale se partage avec le divan de
celui-ci l'administration de la justice par
l'entremise des évêques. Elle retient les
causes de mariages, de séparations (divor-
ces), de dispenses, de testaments, de tutel-
les, de contrats, etc., et toutes les causes,
quelles qu'elles soient, concernant les
membres du clergé. Bien plus, elle garde
seule et pour elle-même la haute décision
de tous les cas où la loi civile est en conflit
avec la loi religieuse. C'est dire qu'il n'y
a rien au-dessus d'un décret patriarcal,
le Patriarche — souverain Arbitre, incar-
nant l'idée religieuse — restant le grand
régulateur dont l'influence se répercute
jusque dans les moindres rouages de la
vie nationale. Il en découle que le clergé,
propriétaire de plus du tiers de la contrée,
joint à la sauvegarde des consciences la
défense des intérêts. Ainsi, il contribue à

fixer et à percevoir les taxes dont il garde une partie, et fait fonction de maire dressant dans les églises, ces seules « maisons du peuple », les actes de l'état civil et en délivrant des extraits.

Chez les Maronites, l'enfant dès le berceau est un membre de l'Église, car il n'a pour acte de naissance que son acte de baptême et il n'entre officiellement dans la vie que du jour où il entre dans la religion qui le guidera jusqu'à la tombe. Pouvait-il en être autrement là où l'État est une communauté religieuse, le roi un pontife, les magistrats des prêtres, la loi une formule sainte, le patriotisme une foi, le drapeau une croix ? Aussi, là où droit et religion ne font qu'un, reste en pratique la profonde définition que les jurisconsultes ont conservée jusqu'à Justinien : *Jurisprudentia est rerum divinarum atque humanarum notitia.*

Il s'ensuit que le clergé séculier et les curés peuvent être mariés, comme aux temps heureux du christianisme naissant et pur ; mais le mariage doit avoir précédé leur ordination, leur femme doit être une vierge, et il leur est défendu de convoler à de secondes noces. Quand, au Liban, on les rencontre, on les salue du nom de Père, on leur demande la bénédiction, on leur baise la main. Et rien n'est plus paternel que d'entendre à cette occasion les formules de l'Écriture qui servent dans ces contrées de salutations d'usage : *El salam alei kum!* que la paix descende sur vous ! et *Allah makum !* que le Seigneur soit avec vous !

Donc, gouvernement de police générale et appareil de confédération militaire à l'Émir, mais *autonomie d'administration interne et suprématie de juridiction nationale au Patriarche.* C'est dire que la puissance de celui-là reste en partie soumise à l'autorité théocratique de celui-ci. Et s'il y a dualisme d'impulsion et espèce de pondération des pouvoirs dans la politique extérieure, la primauté reste *ab antiquo* et *ab initio* au fondateur et père de la nation.

C'est pourquoi si, depuis 1861, on a, du consentement des Puissances, imposé au Liban désuni un pacha, ce n'est qu'en remplacement de l'ancien émir indigène, et en guise de fonction confédérative pour *centraliser l'administration*, comme l'indique d'ailleurs le titre du fonctionnaire : *moutassârref Lebnân*, administrateur du Liban.

Une pareille anomalie, préparée par un éphémère et double kaymakâmat — un Maronite et un Druse (1842-1860) — n'eût pas été possible sans la religion du pacha qui, quand il n'est pas Maronite, doit être chrétien-catholique. Bien plus, on impose à ce dernier un Conseil administratif (*medjliss*) et des fonctionnaires indigènes avec une gendarmerie nationale chrétienne, impliquant défense d'introduire au Liban aucun corps de troupe. Enfin, dans cette œuvre d'organisation soi-disant turque, ce sont les Cours signataires qui ont à la fois l'initiative et la sanction, double garantie de la liberté des populations.

En effet, c'est un corps expéditionnaire français, *partant pour la Syrie* sur l'ordre de Napoléon III, qui détermina le dernier statut du Liban. Inspiré par la Grande-Bretagne et approuvé par l'Europe, ce statut ne laisse à la Porte que la désignation du pacha dont l'élection reste subordonnée à l'agrément des Puissances et du Patriarche.

Si grande est l'inviolabilité du Mont des Chrétiens que tous les persécutés et réfugiés politiques viennent goûter le repos à l'ombre de son immémorial droit d'asile. Et si, avant 1840, une sorte de tribut, toujours minime, a souvent été payé par la Confédération du Liban, ce fut lorsque l'émir pour éviter les razzias des pachas d'alentour, avait consenti à recevoir de leurs mains un semblant d'investiture du Sultan.

Il arrivait, aux temps anciens, que les Patriarches déléguaient une part de leur pouvoir exécutif et militaire à une sorte de connétable qu'ils oignaient, après lui avoir fait prêter serment auquel il ne pouvait forfaire sans être immédiatement déchu (Sâlem, au vii° siècle, est un exemple de cette déchéance). Celui-ci, n'ayant rien à juger en dehors des contraventions d'ordre et de police, assurait la sécurité intérieure du pays qu'il devait tenir fermé aux Musulmans et aux Hérétiques et veillait à l'exécution des décrets patriarcaux et des jugements épiscopaux. On remarquera que l'émir, remplacé par le pacha, a en quelque sorte assumé ce rôle chez les Maronites, à la différence que sa nomination ne dépend plus exclusivement du Patriarche, car il a des pouvoirs plus étendus *au point de vue confédératif*. Ainsi donc se trouvent décomposés les trois éléments de la cellule sociale :

pouvoir, ministre et sujets. Et, comme dans toute société, le ministre participe nécessairement de la nature du pouvoir et de celle du sujet.

IV

Tableau de la Constitution Maronite.
Analyse et synthèse. — Conclusion.

Un coup d'œil synthétique sur la Montagne nous montre presque toutes les églises bâties au sommet des collines, de façon à dominer les habitations groupées autour ; contrairement à ce qui se voit ailleurs où les châteaux forts dominent les églises. C'est qu'ailleurs la force prime l'idée, tandis qu'au Liban c'est l'Idée qui dirige la matière. Ainsi, au sommet de la société maronite, le *Patriarche*, guide et chef suprême de la nation, dénommé *mawlâna* et *saïdna*, notre souverain et notre maître ; à la base, le *peuple*, le travailleur, l'agriculteur (*fellah*) qui tend à s'élever par l'instruction ; au centre, un *homme de guerre*, chef confédératif et exé-

4

cuteur des lois (l'ancien émir indigène, aujourd'hui le pacha chrétien), et les *notables* propriétaires du sol (cheiks), espèce de barons féodaux dont l'action est pondérée par la volonté démocratique d'en-bas et par l'autorité absolue d'en-haut.

Un tableau va illustrer et faire évoluer devant nous cette particulière hiérarchie :

Qui ne se rappelle le séjour qu'un des fils du roi de France, M. le prince de Joinville, fit en Syrie en 1836 et l'accueil qu'il y reçut ! Débarqué à Tripoli, le prince se hâta de gagner Éden pour admirer les fameux cèdres du Liban. Arrivé de nuit, il y trouva une multitude de Maronites, hommes et femmes, accourus pour le voir et qui, mêlés à la nopulation locale depuis le soir déjà l'attendant avec des fanaux, le saluèrent avec leur musique et aux cris universellement répétés de : Vive le fils de notre Roi ! *Le cheik maronite Boutros Karam, étant venu à sa rencontre, convia le prince à se rendre à sa demeure, où un souper avait été préparé. Son Altesse y passa la nuit et, le lendemain, à peine éveillée, elle reçut la visite de l'évêque-vicaire et du secrétaire du Patriarche, chargés de l'accompagner jusqu'aux fameux cèdres, à trois ou quatre kilomètres d'Éden, où l'attendait le haut prélat. Là, sous un de ces antiques cèdres, un déjeuner fut offert au prince, pendant lequel furent renouvelées à plusieurs reprises, de la part du Patriarche au nom de la nation maronite, les assurances les plus formelles d'amitié et de dévouement, et, de la part du prince français, celles d'une reconnaissance et d'une protection entière. Désolé de ne pouvoir se rendre au palais du Patriarche, le prince retourna le soir même à Éden, accompagné des acclamations et des bénédictions du peuple* [1].

Nationalité, Autorité, Société, voilà donc ce que représente le Patriarche. C'est lui qui, ayant fondé la communauté, la soutient. Prêtre et roi comme David sur la montagne de Sion, il incarne avec une pathétique dignité majestueuse le génie et les intérêts de la nation, tel le Cèdre qui synthétise le Liban et qui, tournant toujours ses feuilles et ses fruits vers le ciel, pousse ses racines jusque dans les abîmes et étage au-dessus de la montagne sainte son ombre protectrice.

L'analyse est aussi juste que la synthèse,

1. Mgr Murad : *La Nation maronite et ses rapports avec la France.*

le Cèdre auguste étant l'image de la nation. Ainsi la sève et les racines cachées, c'est la religion ; le tronc visible dans sa majesté, c'est le Patriarche ; les rameaux prolongeant le tronc, ce sont les évêques ; les branches des rameaux, ce sont les prêtres desservants ; et, enfin, les feuilles harmonieuses constamment tournées vers le ciel, ce sont les membres de la nation...

Le Cèdre du Liban, s'exclame le grand prophète Ezéchiel, beau en ses branches, abondant en feuillage, magnifique en sa hauteur et en sa cime, montait entre ses rameaux touffus.

Les eaux l'ont nourri ; l'abîme a renfermé ses racines ; les fleuves coulaient autour d'elles, et des ruisseaux les baignaient partout où s'étendaient ses pieds.

Et sa tige s'est élevée au-dessus de tous les arbres de la contrée, et ses rameaux se sont accrus, et ses branches se sont multipliées, arrosées par les grandes eaux.

Et après qu'il eût étendu son ombre, tous les oiseaux du ciel bâtirent leurs nids sur ses rameaux, et tous les animaux des champs déposèrent leurs petits sous son feuillage, et à son ombre habitaient des peuples nombreux...

***

Ainsi « la Constitution d'un peuple est son histoire mise en action [1] ». Et si l'existence historique d'un peuple est tout entière dans son rapport avec l'idée qu'il représente, si « une nation, c'est avant tout une âme, un esprit, une famille spirituelle, résultant pour le passé de souvenirs communs, de gloire commune, quelquefois aussi de deuils communs, car le deuil rassemble les cœurs autant que la gloire [2], » on reconnaîtra que les Maronites forment un peuple essentiellement *national* et un des plus fortement constitués qui fut jamais.

Suçant avec le lait

Cette humble foi du cœur qu'un ange a suspendue
En palme à nos berceaux,

ils forment une nation sainte, grande par la valeur, la religion et la crainte de Dieu. In-

1. De Bonald : *Principe constitutif.*
2. Renan : *Mélanges historiques et religieux.*

carnant aux yeux de l'univers le génie du Christianisme, ils sont les seuls qui, en se signant, font le signe de leur nationalité.

Ainsi, sur la cime de la blanche Montagne éclairée par l'auréole lumineuse du Christ, on se représente, toujours près de sa céleste origine, une brillante phalange regardant en haut et groupée autour du Patriarche, au pied de l'arbre de la Croix.

Touchante et évangélique vision ! Peuple unique et magnanime qui couvris le Liban de ton sang et de tes ossements pour le triomphe de la vérité, de la justice, de « la grande consolation et la grande lumière du genre humain » ! Toi, dont l'antique patrimoine est fait de foi et de noblesse morale qui surtout oblige, de la gloire définitive que la force isolée est impuissante à conquérir, et qui ne résulte que des grandes actions, des bienfaits sublimes et généreux, dont la reconnaissance et le respect, et parfois l'ingratitude et l'oubli de l'humanité sont le résultat et le témoignage ! Nation éternelle et irréductible, inaccessible aux coups de la fortune ! Sainte patrie morale et invulnérable, pieuse cité de l'âme dont l'intégrité réside impérissable dans les pensées et dans les cœurs ! *O le plus beau royaume après celui du ciel*, dont l'histoire est un incessant martyre et une hymne sacrée, comment ne pas t'aimer avec ferveur et ne pas se convaincre en t'admirant que

L'homme est un dieu tombé qui se souvient des cieux.

SOLUTION DE LA QUESTION
DU LIBAN

I

Statut Libanais de 1861. — Syrie et Liban. Les Maronites-Francs.

Le Liban reçut, par le statut organique du 9 Juin 1861, une confirmation solennelle de ses antiques privilèges. Telle est la signification des noms des soldats français, gravés aux flancs des coteaux, sur les rochers du Nahr-el-Kelb, à côté des stèles des vieux potentats assyriens et des cartouches de Marc-Aurèle.

En effet, ralliées sous la bannière de la France, la Grande-Bretagne, la Russie, la Prusse et l'Autriche-Hongrie octroyèrent à la Montagne sainte, en lieu et place de l'Émir

héréditaire maronite, un Gouverneur chrétien-catholique, amovible et proposé par la
Porte, mais dont l'élection reste subordonnée à l'agrément des Puissances et la gestion
contrôlée par un Conseil administratif indigène. Ordinairement nommé pour cinq ans,
ce Gouverneur peut être réélu et sa nomination n'exclut pas l'indigénat. Le Statut
de 1861 fut ratifié en 1864, et l'Italie, en
signant le protocole du 27 juillet 1868, s'est
jointe depuis lors au concert international.

En violant l'autonomie du Liban, le Turc a
donc bravé la volonté de l'Europe et foulé la
terre de l'indépendance, l'asile de la Liberté.
Il n'est que temps de payer à la Nationalité
Maronite, millénaire Chanson de geste du
Christianisme, la dette sacrée universellement contractée envers elle. Car, comment
peut-on la confondre avec les populations
de la Syrie, carrefour du monde, où grouille
une vraie mosaïque de races sans aucun
caractère national ?

Il n'y a jamais eu de question de Syrie parce qu'il n'y a jamais eu de *nationalité syrienne*, mais il y a toujours eu une Question du Liban dès que naquit des flancs de cette montagne la nationalité maronite. C'est déclarer que cette indépendante fille des rocs est la seule nationalité syrienne et que, dans l'éventualité d'un partage de l'empire ottoman, une question de Syrie ne peut se poser qu'en respectant au premier chef la question du Liban. Bien plus, si l'on considère que les Maronites constituent les trois quarts de la Confédération du Liban et que cette montagne, âme et ossature de la contrée, est à la fois « la clef stratégique et économique de la Syrie [1] », on conviendra que la Syrie doive suivre le sort de la Montagne du Liban.

Or, quels que soient les penchants individuels, quelle que soit la Puissance européenne qui tende à hériter de la Syrie, si l'on s'inspire impartialement de l'Histoire, c'est-

1. Napoléon.

à-dire du grand principe des nationalités enfanté par l'Évangile et proclamé par la Révolution française, on est obligé de reconnaître que l'unique solution qui s'impose au Liban, la seule logique et définitive, est le rétablissement de l'antique Émir maronite appuyé sur les faisceaux de la France.

Nul ne peut rompre la chaîne sacrée des vivants qui relie les tombeaux du passé aux berceaux de l'avenir. « Eh ! Messieurs ! — s'écriait Crémieux du haut de la tribune parlementaire — il s'agit des Chrétiens du Liban ! Les Chrétiens du Liban, mais ils sont vos frères depuis des siècles, non pas seulement vos frères en religion, mais vos frères à la guerre, vos frères sur les champs de bataille. Dans toutes les circonstances, vous les avez trouvés. Saint Louis les a trouvés; Napoléon les a trouvés [1]. »

Ces paroles viennent d'être encore une fois confirmées par un contingent de six mille

1. Discours du 3 juillet 1847, à l'occasion des massacres.

volontaires maronites accourus, dès l'ouver-
ture des hostilités, sous les drapeaux de la
France. Mais ce que Crémieux a oublié de
rappeler à la mémoire de ses collègues de la
Chambre, c'est l'égide déjà protectrice de
Charlemagne, c'est la parenté et la fusion du
sang, provenant de l'établissement des principautés franques en Syrie durant près de
deux siècles, de sorte que, quand les Croisés quittent la Syrie, ils y ont déjà fait
souche et y laissent plusieurs familles que
le Pape Alexandre IV recommande par un
bref au Patriarche du Liban. De là les déno-
minations de Nation *maronite-franque*, de
Maronites-Francs, qu'on retrouve sous la
plume des diplomates turcs eux-mêmes. Quel
plus éloquent témoignage du prestige du nom
français dans le Levant ! legs d'un passé
glorieux que tous les régimes qui se sont
succédé en France ont tenu à sauvegarder
et que les chancelleries européennes ont
ratifié, en 1860, en approuvant l'expédition

de Syrie, dictée par ces grandes paroles :
« Je reconnais que les Maronites sont Français de temps immémorial[1]. »

« Le peuple maronite, crayonne Lamartine en 1832, participe de toutes les vertus de son clergé, et forme un peuple à part dans tout l'Orient ; on dirait d'une colonie européenne jetée par le hasard au milieu des tribus du désert. Les hommes sont grands, beaux, au regard franc et fier, au sourire spirituel et doux ; les yeux bleus, le nez aquilin, la barbe blonde, le geste noble, la voix grave et gutturale, les manières polies sans bassesse, le costume splendide et les armes éclatantes. Quand vous traversez un village et que vous voyez le cheik assis à la porte de son manoir crénelé, ses beaux chevaux entravés dans sa cour, et les principaux du village vêtus de leurs riches pelisses, avec

1. Bonaparte, sous les murs de Saint-Jean d'Acre, à une députation du Patriarche Joseph VI Tyan (1799) — réponse que le Général faisait accompagner par l'envoi d'un fusil d'honneur à l'Émir du Liban.

leurs ceintures de soie rouge remplies de yatagans et de kangiars aux manches d'argent, coiffés d'un immense turban composé d'étoffes de diverses couleurs, avec un large pan de soie pourpre retombant sur l'épaule, vous croiriez voir un peuple de rois [1] ».

1. *Voyage en Orient,* dont l'auteur a chanté le Liban et les Maronites dans *la Chute d'un Ange* et défendit leur cause avec ardeur à la tribune de la Chambre.

II

Saint Louis et les Maronites.
Règlement de la Question Libanaise.
Les Druses.

> Monts gelés et fleuris, trône des deux saisons,
> Dont le front est de glace et le pied de gazons,

le Liban, pour ne pas dire la Syrie, est donc depuis longtemps une enclave de la France. Au pays de la rose, à l'ombre des vieux cèdres maronites qui, élevant leur bras rugueux vers le ciel, prient et soupirent, on garde fidèle mémoire de ces chers frères d'armes, les anciens guerriers disparus, dont le souvenir généreux, toujours évoqué dans les jours de malheur, mouille les yeux d'espoir et anime bien des légendes. « *Ya habibi*, disait en mourant Boutros Karam à son bien-aimé fils Joseph, lorsque

la France reviendra au secours de ses enfants du Liban, accours me crier la nouvelle
à travers ma tombe afin que mes os tressail-
lent de l'allégresse du pays ».

On peut dire qu'une telle confiance, sorte
d'attente messianique, ne s'est jamais dé-
mentie. En 1915, sous le régime de l'invasion,
régime de barbarie et de terreur s'il en fut,
un prêtre maronite, curé de Sîn-el-Fil, petit
village du Liban, fut condamné à la pendai-
son, par la cour martiale de Damas, pour
s'être énergiquement refusé à désapprouver
le contenu d'une lettre qu'il avait reçue de
son fils, engagé dans l'armée française. Quand
le prêtre fut placé debout sur un escabeau
et que la corde attachée à la potence fut
passée à son cou, l'officier turc, s'adressant
à lui à haute voix, lui déclara qu'il pouvait
encore sauver sa vie, s'il consentait à crier :
« Vive la Turquie ! » Le Père Joseph Hayek
(c'est le nom du héros) répondit qu'il priait
Dieu, du plus profond de son cœur, de donner

la victoire aux alliés de « sa patrie », puis de
toutes ses forces il s'écria : « Vive la France !
Vive la France ! Vive la France ! » et re-
poussa vigoureusement du pied l'escabeau
qui le soutenait.

Or, les temps sont révolus et les vœux des
morts exaucés. Aujourd'hui que la France
et ses alliés, armés de l'épée de Charlemagne, vont trancher le nœud gordien de l'Islam, l'Ange de la victoire ira en clamer la
nouvelle aux os des martyrs et la nation maronite tout entière, par les voix de ses cloches et ses cris d'allégresse, réveillera la
dépouille opime de Joseph Karam, endormie
intacte dans l'église d'Éden...

Et alors, comment la France traitera-t-elle
ces fils de prédilection qui guettent sur la
grande mer la fumée de ses navires, l'arc-
en-ciel de ses couleurs, et qui, pour avoir
toujours pris leur part de ses deuils et de ses
douleurs, ont droit à sa gratitude maternelle ?

Sous l'égide d'un ciel où brille le char de

feu du prophète, l'actuel Patriarche des Maronites peut exhiber une lettre-charte de saint Louis dont sa Béatitude Souveraine est le gardien jaloux et qui contient les passages suivants :

« Louis, Roi de France, à l'Émir des Maronites du Mont-Liban, etc. [1].

« Notre cœur s'est rempli de joie lorsque nous avons vu votre fils Simon, à la tête de vingt-cinq mille hommes, venir nous trouver de votre part pour nous apporter l'expression de vos sentiments et nous offrir des dons, outre les beaux chevaux que vous nous avez envoyés... Nous sommes persuadé que cette nation, que nous trouvons établie sous le nom de saint Maron, est une partie de la nation française, car son amitié pour les Français ressemble à l'amitié que les Français se portent entre eux. En conséquence, il est juste que vous et tous les Maronites jouissiez de la

1. Émir-Connétable résidant alors dans les centres fortifiés du Haut-Liban, région de Bécharré et des Cèdres.

protection dont les Français jouissent près de nous, et que vous soyez admis dans les emplois comme ils le sont eux-mêmes...

« Quant à nous et à tous ceux qui nous succéderont sur le trône de France, nous promettons de vous donner, à vous et à votre peuple, protection comme aux Français eux-mêmes, et de faire constamment ce qui sera nécessaire pour votre bonheur.

« Donné à Saint-Jean d'Acre, le vingt et unième jour de mai 1250, et de notre règne la vingt-quatrième année [1] ».

Tel est le solennel engagement de la France, dont croit devoir se souvenir, après François Ier et Henri IV, le créateur de la diplomatie européenne, le Roi-Soleil, quand, prenant les Maronites « sous sa protection et sauvegarde spéciale », il recommande de « les traiter avec toute la douceur et charité possible ».

1. Copie *in extenso* de ce document diplomatique se trouve dans Testa, *Recueil des Traités de la Porte Ottomane*, t. III, p. 140.

Ces Lettres de protection furent confirmées par la création d'un Consulat distinct, à Beyrouth, en 1662, confié aux cheiks maronites de la famille Khâzen, et, comme on l'a vu plus haut, expressément ratifiées par Louis XV en 1737, année dans laquelle fut institué comme nouveau consul, à Beyrouth, le Maronite Gandour. Ajoutons que déjà, lors de la captivité de saint Louis, avait été conclue entre le soudan d'Égypte et le royal prisonnier, au moment de sa libération, une convention en vertu de laquelle le roi de France était autorisé à établir un Consulat à Tripoli de Syrie [1].

A Ghousta, la plus belle église du village, bâtie aux frais de Louis XIV, témoigne magnifiquement de la noblesse du grand roi, alors qu'à Paris la Basilique de Montmartre, ex-voto de la France, fut édifiée avec le tribut des Cèdres du Liban dont une

____

1. Correspondance de François de Noailles, évêque d'Aix, ambassadeur à Constantinople, avec le roi Charles IX, en 1574. Conséquemment, le drogman du Consulat général de France en Syrie est toujours un Maronite.

vivante image est le cèdre de Jussieu, que
le célèbre naturaliste apporta dans son cha-
peau, en 1735, et dont la ramure fortunée,
prodigieux bouquet d'ailes, est aujourd'hui
la parure du Jardin des Plantes. D'autre part,
au quartier Saint-Eustache, le Souvenir Maronite reste attaché au temple de Notre-
Dame des Victoires et, sur la Montagne
Sainte-Geneviève, l'ancienne chapelle du
Gesù est affectée au culte maronite, sous le
vocable de Notre-Dame du Liban [1].

« Dans chaque église maronite, écrit un
fidèle chroniqueur, une estrade d'honneur
était réservée au Consul de France, dont le
drapeau ornait le maître-autel. Pendant la
lecture de l'Évangile, le consul tirait son
épée et la tenait étincelante, en signe de
protection, au-dessus du saint Livre et des
têtes des fidèles [2] ».

Notons que François Ier et les huit Capi-

1. L'Association et *le Bulletin de Saint-Louis* sont l'organe
du Souvenir Maronite en France.
2. *Les Maronites*, d'après le manuscrit arabe du R. P. Azar.

tulations successives (1535-1740) n'ont rien pu ajouter aux droits de la France dans la Montagne de Syrie, de sorte que, si mort est le protectorat catholique en Orient, par suite de la séparation de l'Église et de l'État, vivant reste le protectorat politique du Liban, œuvre de Louis IX et des Croisades.

C'est ce protectorat politique, essentiellement national, que le président du conseil des Ministres [1] a entendu sauvegarder quand, en octobre 1905, il donnait personnellement au Patriarche Élie l'assurance publique et solennelle que, malgré la loi de Séparation, « la France demeurait fidèle à ses traditions au Liban et que rien n'était changé aux engagements de Louis IX et de Louis XIV vis-à-vis des Maronites. » Et M. Raymond Poincaré s'en est noblement souvenu quand, le 21 décembre 1912, au nom du Gouvernement dont il était le chef, il envoyait, du haut de la tribune parlementaire, le maternel salut

1. Maurice Rouvier.

de la France à la Montagne de Syrie.

Oui, *les Maronites sont Français de temps immémorial*. Aussi quelle fête quand le drapeau aux trois couleurs revient flotter aux brises du Liban, quand les amiraux, dès le signal du timonier, saluent traditionnellement la Montagne, au nom de la France, de l'ébranlement de toutes les dunettes de leurs châteaux-forts flottants! Tout un peuple répond par ses acclamations frénétiques et ses touchants feux de joie; des collines embaumées aux orgues de granit montent des chants de reconnaissance et d'amour.

Qui ne se rappelle la visite que l'amiral Boué de Lapeyrère, à la tête des unités de l'escadre de la Méditerranée, fit en octobre 1913 dans les eaux de Syrie! Elle donna lieu aux démonstrations les plus éclatantes et à des toasts singulièrement éloquents, à la suite d'une brillante revue navale passée, en rade de Tripoli, par le Patriarche du Liban.

. . . .

Elles reviendront dans la clarté triomphale, survolant l'ancre de l'espérance, les ailes diaprées de la Patrie. Elles reviendront pour jamais, et nul doute que le Gouvernement de la République ne s'inspire auprès des Maronites d'une politique séculaire et traditionnelle, seule digne d'une grande nation — telle la Convention qui, alors qu'elle fermait les églises en France, donnait l'ordre à son ambassadeur, Aubert Dubayet, de les faire rouvrir au Liban. Cela signifie que la France, qui respecte des Tunisiens et des Annamites, tiendra à respecter l'aînée des nationalités chrétiennes et ne voudra pas imposer à des Orientaux, dont les ancêtres ont donné la pourpre aux rois, ses méthodes d'administration européenne.

Les principautés franques en Syrie, loin d'absorber la nationalité maronite, la respectèrent et la protégèrent avec honneur. Le domaine propre de cette nationalité comprenait alors une bonne partie du comté de

Tripoli, limitée, au sud, par le fleuve Adonis
ou Nahr-Ibrahim et, au nord, par la lisière
même de Gibbet-Bécharré. Aussi le Père
Azar rapporte que les Maronites ont conservé des Lettres de Godefroy de Bouillon et
il confirme que les députés du Roi de Jérusalem et du Patriarche des Maronites se
rendaient ensemble à Rome, ce qui indique
bien que, dans l'esprit des rois francs et des
Patriarches du Liban, il y avait toujours en
Syrie deux nations et deux pouvoirs [1].

Il suffit donc de régionaliser et de cristal-
liser en protectorat territorial la protection
plutôt collective et individuelle que la France
a accordée jusqu'ici aux Maronites du Liban.
En s'inspirant à la fois de la nature et de
leur histoire nationale, on pourrait étendre
ce territoire, le long de la côte, de la baie
d'Akkar jusqu'au promontoire de Tyr, avec
un arrière-pays s'étendant jusqu'à la crête
de l'Anti-Liban (y compris l'Akkar, le Bled-

1. *Op. cit.*

Bechara, le Merdj-Ayoun et le Houleh). Damas, ancien siège des Califes, serait le chef-lieu administratif du Gouverneur général de la Syrie qui prendrait à Beyrouth, où flotterait le drapeau maronite, le titre et les fonctions de Résident Général de France auprès de l'Émir du Liban. C'est dire que la Syrie pourrait être colonisée à l'instar de l'Algérie, mais à la condition de n'établir qu'une sorte de protectorat sur la Montagne du Liban.

Beyrouth — la Béryte phénicienne, « la nourrice des cités, la reine primitive du monde[1] », — déjà résidence de l'ancien Émir du Liban et siège des Consulats généraux, occupe la première place parmi les échelles de Syrie. Dans cette ville de près de 200.000 âmes, d'aspect plutôt européen, l'historique Place des Canons (1860) proclame majestueusement la présence protectrice de la France au sein d'une foule d'intérêts considérables. Outre de nombreux établissements, dont une

1. Nonnos, *Dionysiaques*.

importante Faculté de Médecine dirigée par
les Jésuites et relevant de l'Université de
Lyon, maintes industries et sociétés, dont les
Compagnies du Port de Beyrouth et des Che-
mins de fer de Syrie (artère principale *Bey-
routh-Damas*), sont des entreprises françaises [1].

S'il faut esquisser dans les grandes lignes
les formes de ce protectorat modelé sur
le protectorat franc des Croisés, nous di-
rons que, dans l'Émirat du Liban, le Gouvernement de la République présiderait
aux relations extérieures. L'Émir com-
muniquerait avec le Gouvernement français
par l'intermédiaire du Résident général —
ou par le haut canal du Président de la République — et garderait pleine liberté pour
les actes d'administration intérieure. Il s'ensuit que l'administration locale resterait

1. Parmi les plus belles institutions, on doit nommément
citer l'Université Saint-Joseph et la Mission Saint-Vincent
de Paul, deux foyers de lumière et de bienfaisance françaises
à la fondation desquels Derwiche Tyan et ses frères, Gandour
Boutros et Maroûn, ont eu l'honneur de contribuer.

entre les mains des indigènes du Liban.
Toutefois, et dans l'intérêt du pays, la direction de certaines administrations telles que
les douanes, les travaux publics, les finances,
les télégraphes, serait fraternellement par-
tagée avec des fonctionnaires français, —
de même que le Gouvernement français pourrait à l'occasion provoquer l'initiative de
certaines réformes administratives et finan-
cières, en se concertant étroitement, à cet
effet, avec le Gouvernement de l'Émir. Les
tribunaux indigènes, tant ecclésiastiques que
laïques, étant maintenus, la justice *entre
Européens* serait rendue par des tribunaux
français, — entre Européens et Indigènes,
par des tribunaux français en matière *mobi-
lière*, et par les tribunaux indigènes en matière *immobilière*. Le français serait la langue officielle de l'Émirat, ayant toujours
été parlé et enseigné avec le syriaque dans
les écoles du Liban. Enfin une milice indigène, encadrée comme instructeurs d'un petit

corps d'officiers français, assurerait la sécurité du pays.

Dès lors, il devient aussi excellent que juste d'admettre réciproquement les Maronites-Francs, en France, dans les grandes écoles et emplois, suivant la mémorable charte que Louis IX promulga *au nom de tous ses successeurs.* Ainsi le célèbre séminaire Saint-Sulpice se conforme encore à la tradition royale qui voulait que, dans le seul collège des Jésuites de Paris, douze places d'élèves fussent réservées à des jeunes Maronites. Et ce fut deux savants Maronites, Gabriel Sionite et Abraham Ecchellensis, dont on peut lire les noms dans la cour de marbre du Collège de France, qui professèrent, au xvii° siècle, dans cette institution nationale, les langues orientales [1].

Bien que l'aigle au sommet des monts bâtisse ses nids, une légère appréhension peut

1. On peut joindre à ces noms celui de Hasronite qui fut appelé à l'enseignement par Louis XIII.

subsister, c'est la mauvaise volonté des Druses qui, comme on sait, forment au Liban l'élément le plus important et l'agglomération la plus homogène après celle des Maronites.

Les Druses (de *darzy*, séparé, dissident), d'origine probablement arabe, sont des musulmans schismatiques fondés, au xie siècle, par le calife fatimite Hâkem. Persécutés par leurs premiers coreligionnaires, ils se réfugièrent d'abord dans le Haurân, puis près des Maronites qui leur cédèrent peu à peu le secteur sud du Liban pour combattre l'ennemi commun. Mais ils sont tout au plus cent soixante mille, dont une soixantaine de mille au Liban, régionalisés pour la plupart dans la région du Choûf où ils tendent à diminuer et où les Maronites, très prolifiques, sont déjà tout aussi nombreux. En outre, il ne faut pas oublier que Maronites et Druses vécurent dans une étroite fraternité d'armes près de deux siècles et demi, sous le régime fédéral d'un même Émir maronite et l'égide commune de la France (1598-1840).

Les annales mentionnent le voyage en France du fondateur de cette confédération militaire, le fameux Émir Fakhr-el-Dîn, *Sultân-el-Barr*, dont le nom évoque l'apogée de la puissance libanaise et qui fut magnifiquement reçu, à Paris, à la cour de Marie de Médicis. Ajoutons que ces confraternelles relations entre Montagnards furent préparées par les plus cordiaux rapports de bon voisinage, qui seuls expliquent comment une délégation, composée de Maronites et de Druses, a pu se rendre à Rome, dès 1444, accompagnée par un moine franciscain.

Ce n'est que dévoyés par les Turcs et aiguillonnés par une grande Puissance européenne, alors rivale de la France, que les Druses fanatisés éclaboussèrent les neiges du Liban du sang de leur anciens alliés. « La plus grande douleur de ma vie — s'écriait généreusement en pleine Chambre des Communes le commodore Napier, le même qui avait bombardé Beyrouth en 1840 — est d'avoir aidé les Turcs à établir parmi les Chrétiens du Liban, dernier et noble débris du christianisme asiatique, le Gouvernement le plus infâme qui ait jamais existé. » [1] Or, il s'agit d'extirper le Turc du rivage où la lance de saint Georges terrassa le dragon, et l'Entente Cordiale, cimentée par le sang de la nouvelle alliance, exhorte aujourd'hui les Druses à se rappeler de leur passé et de leur loyalisme pour la France.

Pour maintenir l'unité politique et économique du Liban on n'aurait donc qu'à respecter les pratiques et les juridictions religieuses des Druses, leur réserver une haute place au divan de l'Émir, utiliser dans des charges *ad hoc* leurs aptitudes belliqueuses et les associer proportionnellement à l'administration. Si malgré ces égards, les Druses n'en

---

1. Séance du 17 août 1860, quand l'amiral interpellé répondit à l'honorable M. Monsell, défenseur des catholiques.

savaient pas reconnaître les bienfaits, la France est assez forte pour les mettre dans l'alternative d'évacuer l'Émirat ou de se soumettre à sa volonté.

Bien que des diplomates aient déjà émis l'idée d'écarter radicalement les Druses en les refoulant dans le Haurân, il nous plaît de déclarer que les haines sont éteintes et que l'ère des luttes fratricides semble complètement close. Dans une réunion solennelle, tenue naguère au patriarcat maronite où se trouvaient le Consul général de France et force personnalités du pays, Nessib bey Djumblate, l'un des deux grands chefs de l'oligarchie druse, disait : « Le Liban a besoin d'un centre de ralliement ; en ma qualité de chef de la famille Djumblate et d'un grand parti du peuple druse, j'affirme que le patriarcat maronite est et doit être ce centre[1]. »

1. Paroles consignées par un ancien fonctionnaire libanais dans *le Temps* du 7 juin 1912.— Les autres populations constituant l'actuelle confédération administrative du Liban, enclave de sept préfectures ou districts, sont : les Grecs-

Orthodoxes (53.000), dans le district du Koura, au nord ; les
Grecs-Catholiques (34.000), massés pour la plupart dans la
ville de Zahlé (Moyen-Liban) ; les Métoualis, chiites d'origine
persane (18.000), dans les environs de Saïda, de Tyr, de Batroûn, et dans certaines parties de la plaine de la Békaa ;
les Ansariehs, secte musulmane (14.000), dans les districts
du Choûf, du Djezzin et dans la bourgade de Kalmoûn. Ces
communautés resteraient fédérativement associées et plus
ou moins représentées dans une sorte de Parlement national (*medjliss*), présidé par un Maronite.

III

L'Avenir. — Rôle de l'Émir. — Mission de la France au Liban.

Ce petit État, ainsi raffermi dans ses traditions sur la terre promise à ses pères, rendu à la respiration de la mer et de la plaine sous les feux de son soleil, peut se suffire à lui-même. Après la croisade épique et immortelle, plus sanglante, plus glorieuse que celle des grottes de la Cabadonga et des Asturies, il est enfin appelé par la splendeur de son ciel et de son climàt, par la richesse de son sol « où coulent le lait et le miel », par la douceur et la sobriété de ses mœurs, à de pacifiques et heureuses destinées. Tous les siècles les lui promettent, jusqu'à cette poignée de héros couchés sous les anémones, depuis 1860, dans le cimetière français de Deir-el-Kamar.

On ne saura jamais assez par quelles mains pieuses furent alors pansées les plaies individuelles du peuple-martyr dont le sang intarissable, empourprant la Croix nationale, est l'emblème de la charité et du sacrifice sur tous les champs de bataille. L'abbé Lavigerie et le Comte de Paris parcoururent tour à tour les montagnes du Liban, l'apôtre pour y semer les plus généreux secours, le prince pour y prodiguer le baume de la plus réconfortante affection. Les rues *du Liban* et *des Maronites* perpétuent à Paris la mémoire de ces souvenirs [1].

Qui pourrait oublier que cette contrée romantique, d'où les ruisseaux s'élancent des rochers comme au temps de Moïse, fût autrefois un des greniers de la Grèce et de Rome? C'est de là que viennent les produits

1. La rue *des Maronites*, dans le XX⁰ arrondissement, date de 1867, année de la visite à Paris du Patriarche Paul du Liban.

qui alimentent depuis tant de siècles le
commerce de Tyr et de Sidon, alors que sur
ces mamelons serpentent les routes que sui-
vaient autrefois les négociants de Baâlbek et
de Palmyre, et celles que parcourent encore
aujourd'hui les caravanes d'Alep et de
Damas.

Que si les collines où germent et s'ouvrent
les lys lancéolés dont se dore l'écusson de
France doivent finalement se confondre avec
la plus idéale des patries, il va sans dire que
l'antique théocratie maronite, née et main-
tenue par le glaive dans une persistante atmosphère de combats et de prières, est vouée
à se transformer du jour où elle dépose les
armes sur un sol dont on lui garantit la sécurité. Déjà dans la tranquillité relative des
dernières années d'avant-guerre, un vif mou-
vement s'était dessiné au Liban pour la sécu-
larisation des biens du clergé. Ce mouve-
ment n'est que la seconde phase de la grande
Révolution populaire qui éclata, en 1857,

contre la noblesse et qui mit fin, en 1860, dans le sang de la guerre civile, au régime de la féodalité.

On doit, certes, déplorer que l'extension outrée des biens de main-morte en soit arrivée à dépouiller le Montagnard de sa terre et à activer une émigration devenue dangereusement excessive. Le mieux serait d'y mettre un terme par une loi et de procéder méthodiquement à une reprise progressive moyennant indemnités. Car il faut, en cette matière, une évolution et non une révolution. Une ignorance sectaire et violente risque de tout compromettre en sapant dans ses fondements une nationalité sainte. Il importe de marcher non seulement avec son siècle, mais avec tous les siècles. Et c'est dans cette large voie où, sous chaque pierre, se cache une légende ou une tradition, que la clairvoyance et le haut patriotisme d'un Émir, choisi parmi les anciennes familles, auront surtout lieu de s'exercer.

Faute d'accord entre les populations de la Montagne, il appartient à la France, après entente avec le Patriarche des Maronites, d'imposer la famille dynastique par le choix du premier Émir du Liban, qui serait proclamé à Beyrouth et sacré à Kannôbin en présence du Résident général.

Il est un culte qui auréole d'une grâce filiale le front du Maronite et qu'il porte dans son cœur comme il porte sa croix d'or au col, c'est le culte national du Patriarche qui est le héros, qui est le saint, qui est le Père ! Quelles que soient donc les prérogatives de l'Émir moderne, quel que soit l'appareil de sa magnificence, il saura mettre une courtoisie chevaleresque à incliner la vaillance des armes devant la puissance des idées, en se rémémorant toujours qu'il est le fils aîné du Patriarche dont la pourpre sacrée et les bras tutélaires restent et resteront à jamais comme une pathétique image de la nation.

C'est la cendre des morts qui créa la patrie,

s'écrie magnifiquement le plus maronite
des Français après saint Louis, dans un poème
qui s'ouvre sous les Cèdres du Liban [1]. Qu'est-
ce qu'un Maronite, en effet, qui n'a pas le
pieux souvenir des temps anciens, le respect
de la foi qui a servi de patriotisme à ses
pères ?... Le Livre, qui a civilisé la planète,
sert de code fondamental à la nation maronite. Aussi, combien universelle est l'âme de
ces simples montagnards, combien grand
est le cœur de leur fondateur

Dont les deux bras cloués ont brisé tant de fers !

Au sein de cette nation couronnée d'épines
comme le Christ, se déroulent sans trêve,
sous les yeux de Marie, des Saints et des
Saintes (*el-Kâddissin*), des manifestations
d'une foi vraiment extraordinaire, tantôt
collectives et grandioses, tantôt isolées, agres-
tes et naïves, toujours profondément émou-

1. *La Chute d'un Ange.*

vantes, parce qu'elles reflètent l'âme d'un peuple dont la flamme du plus sacré héroïsme a, au cours des âges, forgé l'unité nationale...

Foyer intense des plus nobles sentiments de l'humanité, bûcher inextinguible des héros et des martyrs d'où prit l'essor, colombe sainte, la Liberté bénie, le Liban est le *campo santo* et la cathédrale du monde. Et c'est à la garde d'honneur de ce flamboyant calvaire, à la libération intégrale de ce sanctuaire vivant et traditionnel que la France, soldat délégué de Dieu et de l'Europe, est glorieusement appelée.

FIN

TABLE DES MATIÈRES

SOLUTION DE LA QUESTION DU LIBAN

POITIERS

IMPRIMERIE G. ROY

7, rue Victor-Hugo, 7

LIBRAIRIE ACADÉMIQUE PERRIN ET Cie

Pierre NOTHOMB. — **La Barrière belge**. Essais d'histoire territoriale et diplomatique. 1 vol. in-16...... 3 50

Louis THOMAS. — **Les Diables Bleus pendant la Guerre de Délivrance**, 1914-1916. 1 vol. in-16............. 3 50

Henry DUGARD. — **La Bataille de Verdun**, 21 février - 7 mai 1916. 1 vol. in-16..................... 3 50

Maurice D'HARTOY. — **Au Front**. Impressions et Souvenirs d'un Officier blessé. Préface du Marquis de Ségur, de l'Académie française. 1 volume in-16..................... 3 50

Raoul LABRY. — **Avec l'Armée Serbe** en retraite à travers l'Albanie et le Monténégro 1 vol. in-16...... 3 50

Francis CHARMES (de l'Académie française). — **L'Allemagne contre l'Europe**. La Guerre 2ᵉ série (mai 1915-janvier 1916). 1 vol. in-16...... 3 50

Gabriel FAURE. — **De l'autre côté des Alpes. Sur le Front Italien**. 1 vol. in-16................ 2 50

Paul DE SAINT-MAURICE. — **La Ville envahie**. 1 vol. in-16......... 2 .

René PINON. — **La Suppression des Arméniens**. Méthode Allemande. Travail Turc. 1 brochure in-16.... 1 .

Baronne J. MICHAUX. — *En Marge du Drame*. Journal d'une Parisienne pendant la Guerre (1914-1915). 1 vol. in-16..... 3 50

Victor TISSOT. — **L'Allemagne casquée**. Préface d'Onésime Reclus. 1 vol. in-16........ 3 50

FERRI-PISANI. — **Le Drame Serbe**. 1 vol. in-16... 3 50

Henry SPONT. — **La Femme et la Guerre**. 1 vol. in-16......... 3 50

Comte DE CHABROL. — **Pour le Renouveau**. Expiation - Conversion - Rédemption - Méditations d'un isolé (1915-1916). 1 vol. in-16...... 3 50

Marcel WYSEUR. — **La Flandre Rouge**. Poèmes. 1 vol. in-16.. 3 50

Abbé Félix KLEIN. — **Les Douleurs qui espèrent**. 1 vol. in-16.... 3 50

Abbé Pierre LELIÈVRE, Aumônier volontaire aux Armées. — **Leur âme est immortelle**. 1 vol. in-16.. 2 50

Maïten D'ARGUIBERT. — **Journal d'une Famille Française pendant la Guerre**. 1 vol. in-16........ 3 50

Comte Fr. DE JEHAY, Ministre plénipotentiaire belge. — **L'Invasion du Grand Duché de Luxembourg en Août 1914**. 1 brochure in-8°... 1 .

Albert DE BASSOMPIERRE. — **La Nuit du 2 au 3 Août 1914** au Ministère des Affaires Etrangères de Belgique. 1 brochure in-8°...... 1 .

Léon WASTELIER DU PARC. — **Souvenirs d'un Réfugié**. Douai-Lille-Paris-Boulogne-sur-Mer (1914-1915). 1 vol. in-16............ 3 50

J. DESSAINT. — *Les Enseignements de la Guerre*. **Avant Tout, Un Pouvoir Central !** 1 vol. in-16......... 3 .

G.-Jean AUBRY. — **La Musique Française d'Aujourd'hui**. 1 vol. in-16............... 3 50

Henry CARTON DE WIART. — **La Cité Ardente** 1 vol. in-16.... 3 50

— **Les Vertus Bourgeoises**. — 1 vol. in-16.................. 3 50

François OLYFF. — **La Belgique sous le Joug**. L'Invasion 1. vol. in-16...................... 3 50

Philippe MILLET. — **En liaison avec les Anglais**. Souvenirs de campagne. 1 vol. in-16................ 3 50

Jean DES VIGNES ROUGES. — **Bourru, soldat du Vauquois**. 1 volume in-16................. 3 50

André SALMON. — **Le Chass'bi**. Notes de campagne en Artois et en Argonne en 1915. 1 vol. in-16......... 3 50

Noëlle ROGER. — **Le Cortège des Victimes**. Les rapatriés d'Allemagne 1914-1916, avec une notice historique par Eugène PITTARD et 8 planches hors texte. 1 vol. in-16........... 3 50

Capitaine HASSLER, ancien instructeur à l'Ecole militaire de Joinville. — **Ma Campagne au jour le jour**. Août 1914-Décembre 1915. Préface de Maurice BARRÈS, de l'Académie française, avec 8 planches hors texte. 1 volume in-16................. 3 50

Eugène PIC. — **Dans la Tranchée**. Des Vosges en Picardie. Tableaux du front. Préface de Georges BLONDEL.. 1 vol. in-16................ 2 50

Pierre COUTRAS. — **Propriétaire pendant la Guerre !** 1 volume in-16................... 3 50

François BOUSGARBIÈS — **Les Clairons et les Glas**. 1 vol. in-16.. 3 50

Paris. — Imp. E. Capiomont et Cⁱᵉ, rue de Seine, 51.